REVISTA DE LA ACADEMIA PUERTORRIQUEÑA DE JURISPRUDENCIA Y LEGISLACIÓN

SAN JUAN, 2021
VOLUMEN XX

**REVISTA de la
ACADEMIA PUERTORRIQUEÑA
DE JURISPRUDENCIA Y LEGISLACIÓN**

Antonio García Padilla
Presidente

Carmelo Delgado Cintrón
Editor

José L. Pou Román
Oficial de Redacción e Investigación

Carmen Aponte-Ayala
Directora Ejecutiva

La Revista de la Academia Puertorriqueña de Jurisprudencia y Legislación se publica periódicamente. Es el órgano oficial científico de la Academia. Toda correspondencia deberá dirigirse a la Directora Ejecutiva, a la siguiente dirección:

Revista de la Academia Puertorriqueña de Jurisprudencia y Legislación
Apartado Postal 23340
San Juan PR 00931-3340

Para que la Revista considere una posible colaboración, deberá dirigir un ejemplar a la Academia, a la mencionada dirección postal.

La revista no se solidariza oficialmente con las opiniones sostenidas por los colaboradores en sus artículos o monografías.

Toda suscripción en Estados Unidos y Canadá debe procesarse a través de nuestras oficinas en la dirección postal antes mencionada o a través de nuestro correo electrónico: ajpr@academiajurisprudenciapr.org.

"Revista de la Academia Puertorriqueña de Jurisprudencia y Legislación" is published by the Academia Puertorriqueña de Jurisprudencia y Legislación. All subscription in the United States and Canada must be processed through our offices in the mailing address before mentioned, or our electronic mail: *ajpr@academiajurisprudenciapr.org*.

ACADEMIA PUERTORRIQUEÑA DE JURISPRUDENCIA Y LEGISLACIÓN

Correspondiente de la
Real Academia de Jurisprudencia y Legislación
Fundada el 9 de diciembre de 1985

Académicos de Número

Lcdo. Antonio García Padilla, Presidente
Hon. Lady Alfonso de Cumpiano, Secretaria
Lcdo. Antonio Escudero Viera, Tesorero
Dr. Carmelo Delgado Cintrón
Dr. Demetrio Fernández Quiñones
Lcdo. Ernesto L. Chiesa Aponte
Lcdo. José J. Álvarez González
Hon. Liana Fiol Matta
Lcdo. Carlos E. Ramos González
Lcda. Olga Soler Bonnin
Lcdo. Harry Padilla Martínez
Dr. Efrén Rivera Ramos
Hon. Gustavo Gelpí
Lcdo. Noel González Miranda
Lcdo. Javier Rúa Jovet
Hon. Félix Figueroa Cabán
Hon. Anabelle Rodríguez Rodríguez
Hon. Rafael Martínez Torres
Dr. José Trías Monge, Presidente (†) – Presidente Fundador
Hon. Juan R. Torruella (†)
Dr. Efraín González Tejera (†)
Hon. Miguel Hernández Agosto (†)
Lcdo. Marcos A. Ramírez Irizarry (†)
Lcdo. Lino J. Saldaña (†)
Hon. Salvador E. Casellas Moreno (†)

Académicos de Número (Continuación)

Lcdo. Wallace González Oliver (†)
Lcdo. Eugenio S. Belaval (†)
Lcdo. Salvador Antonetti Zequeira (†)

Académicos Honorarios

Hon. Jean Louis Baudouin
Lcdo. Anthony D. Romero

Hon. José A. Cabranes
Lcda. Mari Carmen Aponte

Académicos Correspondientes

Dra. Christina Duffy Ponsa
Dr. Ángel R. Oquendo
Lcdo. Rafael Porrat Doria
Dr. Joel Colón Ríos
Dr. Víctor Muñiz Fraticelli

Lcda. María Pabón López
Dr. Luis E. Chiesa Aponte
Lcdo. Alberto Bernabe Riefkhol
Lcda. Tanya K. Hernández
Dra. Jacqueline N. Font Guzmán

"La Academia Puertorriqueña de Jurisprudencia y Legislación, correspondiente de la Real Academia de Jurisprudencia de España, tiene como fines promover la investigación y la práctica del Derecho y de sus ciencias auxilia res, así como contribuir a las reformas y progreso de la legislación puertorriqueña". Artículo 1, Título primero de los Estatutos.

Academia Puertorriqueña de Jurisprudencia y Legislación
Apartado Postal 23340, San Juan PR 00931-3340
Teléfono: 787-999-9652
Email: ajpr@academiajurisprudenciapr.org

Las oficinas ejecutivas de la Academia se encuentran localizadas en el tercer piso de la Escuela de Derecho de la Universidad de Puerto Rico, Recinto de Río Piedras, Río Piedras, Puerto Rico.

R<small>EVISTA</small> **de la**
A<small>CADEMIA</small> P<small>UERTORRIQUEÑA</small>
<small>DE</small> J<small>URISPRUDENCIA Y</small> L<small>EGISLACIÓN</small>

VOL. XX   **2021**

ÍNDICE

Págs.

DICTAMENES

Dictamen del Pleno de Numerarios en torno a la Ley General de
    Arbitraje de Puerto Rico 1

TRABAJOS DE LA ACADEMIA

Anteproyecto Ley de Arbitraje para Puerto Rico
    Anteproyecto del Comité de Arbitraje Comercial de la
    Comisión de Derecho Mercantil

Exposición de Motivos 4

Capítulo I — Ley de Arbitraje 6

Artículo 1.   Aplicabilidad de la Ley 6
Artículo 2.   Definiciones 6
Artículo 3.   Notificaciones 8
Artículo 4.   El Laudo 10
Artículo 5.   Modificación del Laudo por el Tribunal Arbitral 10
Artículo 6.   Confirmación de los Laudos 11
Artículo 7.   Anulabilidad..12
Artículo 8.   Modificación o Corrección de Laudo 14
Artículo 9.   Sentencia en Torno a los Laudos; Concesión de
                 Honorarios de Abogado y Costas 15

ÍNDICE (Continuación)

Págs.

Artículo 10. Jurisdicción 16

Artículo 11. Competencia 17

Artículo 12. Alzadas..18

Artículo 13. Interpretación 19

Artículo 14. Reconocimiento de Firmas Electrónicas.......................19

Artículo 15. Entrada en Vigor; Vacatio Legis...................................20

Artículo 16. Derogación...20

Artículo 17. Disposición Transitoria..20

Capítulo II. Arbitraje Ordinario..21

Artículo 1. El Acuerdo Arbitral...21

Artículo 2. Intervención Judicial...24

Artículo 3. Eficacia del Acuerdo de Arbitraje...................................24

Artículo 4. Inicio del Arbitraje..25

Artículo 5. Moción para Compeler al Arbitraje.................................26

Artículo 6. Remedios Provisionales...27

Artículo 7. Consolidación de Procedimientos de Arbitraje................28

Artículo 8. Nombramiento de Árbitros; Neutralidad.........................29

Artículo 9. La Imparcialidad de los Árbitros y el Deber de los
Árbitros de Revelar Información 30

Artículo 10. Mayoría..33

Artículo 11. Inmunidad de los Árbitros...33

Artículo 12. El Proceso de Arbitraje..35

Artículo 13. Representación Legal..36

Artículo 14. Testigos; Citaciones; Deposiciones; Descubrimiento....37

Artículo 15. Finalidad de las Determinaciones Pre-Laudo del
Tribunal Arbitral 40

Artículo 16. Laudo 41

Artículo 17. Remedios, Costas y Gastos de los Procesos Arbitrales....42

ÍNDICE (Continuación)

Págs.

Capítulo III — El Proceso Arbitral Abreviado..45

Artículo 1. Convenio de las Partes...45
Artículo 2. Inicio del Proceso Arbitral Abreviado 46
Artículo 3. La Demanda de Arbitraje...46
Artículo 4. La Contestación 47
Artículo 5. Designación de los Árbitros...47
Artículo 6. Honorarios de los Árbitros...48
Artículo 7. La Reunión Inicial...48
Artículo 8. Los Procesos Arbitrales Basados solo en Escritos...50
Artículo 9. Los Procesos Arbitrales Mediante Vista Oral...50
Artículo 10. Otras Reglas Procesales 52
Artículo 11. Vistas en Plataforma Digital 52
Artículo 12. Admisibilidad de Prueba...52
Artículo 13. Incumplimiento Con las Disposiciones de este Capítulo...52
Artículo 14. Arbitraje a Base de Ofertas Finales 53
Artículo 15. Intereses, Costas...53
Artículo 16. Emisión del Laudo 54
Artículo 17. Enmiendas...54
Artículo 18. Confidencialidad 55
Artículo 19. Derecho Supletorio 55

NOTA DE LOS EDITORES

Salvador Antonetti Zequeira, Numerario de esta corporación desde 2012, fue uno de los grandes de la abogacía puertorriqueña. Aun así, se le recordaría muy a medias solo en función de sus destrezas y talentos profesionales. Era un puertorriqueño de notables vocaciones cívicas dispuesto a servir con denodado esfuerzo a instituciones que vertebran el país, entre muchas a la Universidad de Puerto Rico y el Fideicomiso de Conservación.

En la Academia dejó inconcluso, aunque adelantado, el proyecto de reforma de nuestra legislación de arbitraje, tema que cultivó con pasión durante los últimos años de su vida. Eventualmente se han concluido los trabajos en torno a esa iniciativa. El anteproyecto, que a continuación se publica en su honor, se ha sometido ya a la consideración de la Asamblea Legislativa.

Con el deceso de Salvador Antonetti el 15 de septiembre de 2019, la Academia perdió mucho. Mucho queda, sin embargo, en la huella de sus legados: sus entusiasmos por el trabajo a favor del país, la fortaleza de su carácter, la firmeza de su voluntad, su rigor intelectual, su intolerancia por lo mediocre, su respeto a la dignidad de cada persona y, desde luego, la valentía para vivir a la altura de todo lo anterior.

Antonio García Padilla   Antonio Escudero Viera
Noel González Miranda   Javier Rúa Jovet

Comité Editor del Número Homenaje

DICTAMEN DEL PLENO DE NUMERARIOS EN TORNO A LA LEY GENERAL DE ARBITRAJE DE PUERTO RICO ADOPTADA EN 1951

Ponente: Antonio Escudero Viera
            Presidente de la Comisión sobre
            Derecho Mercantil

Primero,

Crece significativamente la importancia del arbitraje como mecanismo para la solución de las controversias en el comercio y en otros sectores de la comunidad;

Segundo,

La Ley General de Arbitraje de Puerto Rico, adoptada en 1951, se encuentra en franco rezago;

Tercero,

La tradición a la que pertenece nuestra ley de 1951 –la Ley Uniforme de Arbitraje– ha sido revisada extensamente y su revisión está disponible desde 2000;

Cuarto,

La mayoría de las jurisdicciones que se suscriben a la tradición de la Ley Uniforme se han movido a poner al día su legislación a tono con los objetivos de la revisión de 2000;

Quinto,

Oportunamente el Pleno de Numerarios exhortó a la Comisión de Derecho Mercantil a emprender una revisión de la legislación puertorriqueña de 1951;

Sexto,

La Comisión de Derecho Mercantil organizó un grupo de trabajo en el que han participado Numerarios, Correspondientes, Colaboradores y árbitros de relieve en el país;

Séptimo,

La revisión emprendida por la Comisión se ha completado, se ha presentado y discutido con los académicos y se ha socializado ante sectores de la comunidad jurídica;

Octavo,

El borrador, con los ajustes de última hora que se estimen apropiados, está listo para someterse a la consideración de la Asamblea Legislativa;

Noveno,

Así se ha comenzado a comunicar al liderato legislativo en reuniones promovidas por la Comisión;

Por tanto,

Primero,

El Pleno de Numerarios hace suyo el proyecto de reforma de la Ley General de Arbitraje de Puerto Rico, según desarrollado por la Comisión de Derecho Mercantil y con los ajustes que la Comisión estime propios, la exhorta a darle curso ante la Asamblea Legislativa.

Segundo,

El Pleno de Numerarios exhorta asimismo a la publicación del anteproyecto en la Revista académica.

Tercero,

El Pleno felicita a los participantes en el esfuerzo.

En San Juan de Puerto Rico, a 29 de junio de 2021.

Lady Alfonso de Cumpiano
Secretaria General

LEY DE ARBITRAJE DE PUERTO RICO

EXPOSICIÓN DE MOTIVOS

Esta ley persigue dos objetivos fundamentales: uno, actualizar el derecho puertorriqueño que rige los procesos arbitrales cuando las partes no escogen una organización de arbitraje particular o, si se ha escogido alguna, que sirva como complemento de las normas que provea la organización que se escoja; dos, generar nuevos entusiasmos por el estudio y práctica del arbitraje como mecanismo para la solución de disputas en Puerto Rico.

El primer objetivo se adelanta manteniéndonos en la misma tradición que escogimos en 1951. Entonces nos ad-herimos a la Ley Uniforme de Arbitraje ("LUA"). Ahora con esta ley nos mantenemos dentro de la orientación de la LUA, incorporando las revisiones a la LUA conocidas como Ley Uniforme de Arbitraje Revisada ("LUAR"). De esta manera buscamos que la reforma discurra con las mayores economías posibles en términos del reentrenamiento de la profesión. En el momento en que vive Puerto Rico, pensamos que la búsqueda de tales economías es una prioridad importante en las tareas de revisión legislativa.

En cuanto al segundo objetivo, la ley reconoce las críticas que se han hecho al estado de cosas en cuanto al arbitraje en Puerto Rico: demora, confusión en cuanto al derecho rector (cuándo aplica el derecho federal y cuándo no), incertidumbre en cuanto a la función y latitud revisora de los tribunales, especialmente cuando se pacta que el laudo se sujete a derecho, y dudas en cuanto a la disponibilidad de algunos mecanismos dentro de los procesos arbitrales.

A juicio de la Asamblea Legislativa, en lugar de iniciar un proceso de corrección a cuentagotas del curso actual, lo más prudente es proveer para un nuevo comienzo en este campo a través de una nueva ley. En este sentido, hemos querido generar un nuevo estatuto que, sin ser antipático al vigente, invite a renovar nuestras capacidades, conocimientos y pericias sobre el arbitraje como mecanismo para solución de conflictos.

La LUAR honra la autonomía contractual de las partes que adoptan el arbitraje como mecanismo para la solución de sus controversias. En consecuencia, la LUAR entra en funciones solo cuando las partes no han acordado una plataforma particular para encauzar el arbitraje de sus disputas. También, en deferencia a la autonomía contractual de las partes y en armonía con el derecho federal interpretativo de la Ley Federal de Arbitraje, la LUAR limita la función revisora de los laudos cuando surgen apelaciones ante las cortes. De otro lado, la LUAR busca dar mayor eficiencia a los procesos arbitrales y por consiguiente hacerlos más atractivos a las partes. Esta ley sigue la orientación de la LUAR en esos importantes sentidos.

La Asamblea Legislativa es consciente de que cada día crece el tipo de controversias susceptibles de adjudicarse en foros arbitrales: las disputas entre médicos y pacientes, los reclamos de consumidores antes ventilados a través de acciones de clase en las cortes son ejemplos de lo anterior. No es posible, pues, mantenernos en rezago. De eso trata esta ley.

DECRÉTASE POR LA ASAMBLEA LEGISLATIVA:

CAPÍTULO I — LEY DE ARBITRAJE

ARTÍCULO 1
Aplicabilidad de la Ley

Esta ley se denomina Ley de Arbitraje. Regirá sobre todos los acuerdos de arbitraje sujetos a las leyes de Puerto Rico sin importar la fecha en que dichos acuerdos se hayan perfeccionado. No aplica a los arbitrajes que se deban celebrar ante el Negociado de Conciliación y Arbitraje del Departamento del Trabajo y Recursos Humanos de Puerto Rico o cualquier cuerpo sucesor de sus funciones.

COMENTARIOS

1. La ley evita crear en Puerto Rico dos sistemas diferentes para la reglamentación del arbitraje, dependiendo de si el pacto arbitral se perfeccionó antes o después de su vigencia. Aun así, se provee para un plazo cómodo de vigencia (*vacatio legis*) de suerte que cualesquiera partes puedan variar un convenio arbitral previo a la luz de las disposiciones de esta ley.

2. En efecto, este artículo debe verse en conjunto con el artículo I-15. El artículo I-15 crea una *vacatio legis* de varios meses en los cuales las partes que hayan suscrito un contrato que incluye un pacto arbitral podrían revisarlo para tomar los ajustes que estimen propios a la luz de las disposiciones de esta ley, si se estimase por las partes que dichas disposiciones no les satisfacen.

ARTÍCULO 2
Definiciones

Según utilizados en esta ley, los siguientes conceptos tienen el significado o contenido que a continuación se describe:

1. "Organización de arbitraje" es una asociación, organización, agencia, junta, comisión u otra entidad neutral que inicia, patrocina o administra procesos arbitrales o que participa en el nombramiento o designación de árbitros.

2. "Árbitro" es una persona natural designada para que de por sí o juntamente con otras, resuelva mediante laudo con diligencia y competencia, una controversia objeto de un pacto arbitral.

3. "Tribunal" o "Corte" es un tribunal de justicia con jurisdicción en el Estado Libre Asociado de Puerto Rico.

4. "Conocimiento" significa conocimiento real y no conocimiento presunto o imputado.

5. "Persona" significa una persona natural o jurídica que en derecho tenga personalidad jurídica, incluyendo corporaciones, fideicomisos, sociedades, sociedades de responsabilidad limitada, corporaciones públicas y otras entidades de similar carácter.

6. "Expediente" o "Récord" es el producto de informaciones o constancias que se inscriben en un medio tangible o que se almacenan electrónicamente y son luego accesibles y pueden descargarse en debida forma.

COMENTARIOS

1. Nuestra Ley no tenía una sección de definiciones. Por el contrario, la Ley uniforme de arbitraje comercial revisada (LUAR) incorpora una sección breve donde solo se incluyen seis conceptos. Estas seis definiciones tratan de asuntos sencillos que se incluyen en la presente ley.

2. La primera definición hace referencia a organizaciones, privadas y cuasigubernamentales, tales como la American Arbitration Association, la International Institute for Conflict Prevention & Resolution, JAMS, la National Arbitration Forum (NAF), Financial Industry Regulatory Authority (FINRA), el New York Stock Exchange, la International Chamber of Commerce, que son entidades neutrales que proveen las plataformas para llevar a cabo procesos arbitrales. La neutralidad de estas entidades en cuanto

al arbitraje concierne es esencial para su reconocimiento como organización de arbitraje en esta ley.

3. La definición de árbitro subraya el hecho de que, bajo el esquema de la ley, las personas jurídicas no pueden desempeñar esa función. Tal vez este es un paradigma que eventualmente se desplace por las posibilidades que puede abrir la inteligencia digital. Por el momento, sin embargo, no existen las determinaciones y los consensos que sostengan el reconocimiento como árbitros a personas jurídicas.

4. Definir "tribunal" en Puerto Rico es más sencillo que en otros lugares, en vista de la unidad jurisdiccional de nuestro sistema. En jurisdicciones con estructuras judiciales más anticuadas, el tema suele generar aristas. Esta Ley se ubica en ese saludable contexto que supone nuestra estructura judicial unificada.

5. "Conocimiento", según usado en esta ley, sigue la definición de nuestra Ley de Transacciones Comerciales.

6. Esta ley no pretende expandir la personalidad jurídica de entidades que, de otra forma, carecen de ella. Tampoco intenta menoscabar la personalidad jurídica que la ley confiera. Esto es, dentro del marco de esta ley la personalidad jurídica proviene de la legislación que regule la entidad correspondiente.

7. La definición de "expediente" o "récord", reconoce los desarrollos de los tiempos recientes en materia de documentación electrónica. Nuestra Ley de Transacciones Comerciales hace esos mismos reconocimientos en diversas partes de su articulado; véase por ejemplo la sección 5-102(a)(14).

ARTÍCULO 3
Notificaciones

(a) Salvo disposición contraria, las notificaciones que se requieran por esta ley serán efectivas una vez el notificante tome las medidas que de ordinario son suficientes para informar al notificado, independientemente de que éste reciba la notificación.

(b) La notificación será efectiva:

    (1) desde que se traiga a la atención del notificado;

    (2) desde que se diligencie en su residencia o sede de negocios; o

    (3) desde que se diligencie en un lugar indicado por el notificado para el recibo de tales comunicaciones.

(c) Independientemente de lo anterior, si una parte adviene en conocimiento de la notificación, se tendrá por notificada.

COMENTARIOS

1. Este artículo adopta el acercamiento de nuestra Ley de Transacciones Comerciales en cuanto a notificaciones. En ese sentido, para definir la efectividad de la notificación, la ley se refiere más que al cumplimiento con formalidades prefijadas, al hecho mismo de la notificación, directa o indirecta. Véase por ejemplo 19 LPRA § 457 (U.C.C., sección 1-202). El sistema de notificación que esta ley adopta contempla la posibilidad del uso de mecanismos de comunicación digitales tales como el correo electrónico, y las plataformas sociales. Los artículos II-12(b), II-12(c), II-16(a), II-16(b), I-8(b), I-6, I-7(b) y I-5(a) están cubiertos por las disposiciones de este artículo.

2. La excepción planteada al comienzo del artículo I-3(a), tiene eco en el artículo II-4(a), que provee que la notificación del inicio de un proceso de arbitraje se debe hacer mediante correo certificado o mediante los mismos mecanismos que se proveen para el emplazamiento de demandados en la Reglas de Procedimiento Civil.

ARTÍCULO 4
El Laudo

Oídas las partes como se dispone en esta ley, el tribunal arbitral emitirá un laudo para disponer de la controversia sometida a arbitraje.

ARTÍCULO 5
Modificación del Laudo por el Tribunal Arbitral

(a) Mediante moción presentada por cualquiera de las partes en el proceso, el tribunal arbitral podrá modificar o corregir un laudo:

   (1) por cualquiera de las razones contempladas en el artículo I-8 (a) (1) o (3);

   (2) cuando el laudo ha dejado sin resolver una reclamación sometida por las partes al proceso; o

   (3) para aclarar el laudo.

(b) La moción contemplada en el inciso (a) debe hacerse den-tro de los 20 días de recibirse la notificación del laudo y deberá notificarse a todas las partes dentro de ese mismo plazo. Las par-tes así notificadas deberán comparecer en un plazo de 10 días para exponer las objeciones que puedan tener a la solicitud.

(c) En caso de que estuviera pendiente ante el tribunal una moción al amparo de los artículos I-6, I-7 o I-8, el tribunal podrá referir la moción a los árbitros para que éstos consideren la enmienda o corrección del laudo.

(d) Un laudo corregido o modificado bajo este artículo quedará sujeto a lo dispuesto en los artículos I-4(a), I-6, I-7 y I-5.

COMENTARIO

1. El artículo I-5 proporciona los mecanismos para que las partes soliciten directamente a los árbitros la modificación o corrección del laudo; no su reconsideración. Asimismo, provee para que un tribunal que atiende asuntos

relacionados con el laudo, al amparo de los artículos I-6, I-7 o I-8, pueda devolverlo a los árbitros para que éstos determinen si procede modificarlo o corregir-lo. Debido a la doctrina *functus officio*, ha habido dudas sobre si, en ausencia de una ley que lo autorice, un tribunal puede devolver un laudo a los árbitros. Este artículo disipa esas dudas y abona a la eficacia del proceso arbitral.

ARTÍCULO 6
Confirmación de los Laudos

Cualquier parte en un proceso arbitral, pasados 30 días de recibir la notificación de un laudo, podrá solicitar al tribunal una orden para que confirme el laudo. La parte opositora tendrá 45 días para expresarse sobre la solicitud de confirmación. El tribunal atenderá el asunto prontamente y emitirá una orden de confirmación a menos que el laudo se modifique o corrija de conformidad con los artículos I-5, I-8 o se deje sin efecto de conformidad con el artículo I-7.

COMENTARIOS

1. El lenguaje del artículo 6 concede jurisdicción a los tribunales para la confirmación de los laudos, a moción de parte. El tribunal debe actuar expeditamente y proceder a la confirmación a menos que proceda alterar el laudo bajo el artículo I-5 o que este sea anulado, modificado o corregido bajo los artículos I-7 o I-8. Aunque cualquier parte en un arbitraje tiene 90 días después de la fecha de notificación del laudo para presentar una moción de nulidad bajo el artículo I-7(b) o una moción de nulidad o corrección bajo el artículo I-8(a), el tribunal no tiene que esperar 90 días para asumir jurisdicción si se presenta una moción de confirmación bajo el artículo I-6.

2. El propósito bajo este artículo es que se litigue todo lo relacionado con el laudo en una acción para confirmar el laudo. En consecuencia, mociones bajo los artículos I-7 y I-8 deben presentarse en el propio proceso instado para la confirmación del laudo, si bien las partes cuentan con 90 días para presentarlas. En casos en que no se ha presentado una moción para confirmar el laudo, mociones bajo los artículos I-7 y I-8 pueden instarse independientemente, dentro del plazo requerido de 90 días.

ARTÍCULO 7
Anulabilidad

(a) A solicitud de parte, el tribunal anulará el laudo solo si:

   (1) el laudo fue obtenido mediante corrupción, fraude u otro comportamiento similar;

   (2) medió:

      (i)   parcialidad evidente de parte de los árbitros,

      (ii) corrupción de parte de los árbitros, o

      (iii) conducta impropia de los árbitros que perjudicó los derechos de una parte en el procedimiento;

   (3) los árbitros se negaron a posponer la vista, aun cuando se mostró causa suficiente para el aplazamiento, se negaron a considerar evidencia material sobre la controversia, o llevó a cabo la vista en contravención con el artículo II-12, con el fin de perjudicar sustancialmente los derechos de una parte en el procedimiento;

   (4) los árbitros se excedieron en sus poderes;

   (5) no medió un pacto arbitral, a menos que la parte perjudicada haya participado en el procedimiento de arbitraje sin objetar bajo el artículo II-12(c) previo al comienzo de la audiencia de arbitraje; o

   (6) el arbitraje se inició sin notificación previa según se requiere en el artículo II-4.

(b) Una petición a tenor con lo dispuesto en este artículo se presentará dentro de los 90 días posteriores de la notificación del laudo de conformidad con el artículo II-16 o dentro de los 90 días posteriores a la notificación modificada o laudo corregido de acuerdo con el artículo I-5, a menos que se alegue que el laudo fue obtenido por corrupción, fraude u otros medios indebidos, en cuyo caso la petición debe hacerse dentro de los 90 días posteriores a la fecha de conocimiento de tales circunstancias.

(c) Si el tribunal anulara el laudo por una razón diferente a la establecida en el inciso (a)(5), podrá ordenar una nueva audiencia arbitral. Si el laudo se anulara por las razones establecidas en el inciso (a)(1) o (2), la nueva vista deberá celebrarse ante nuevos árbitros. Si el laudo se anulara por las razones establecidas en los incisos (a)(3), (4) o (6), la nueva vista podrá celebrarse, por orden del tribunal, ante los árbitros que dictaron el laudo. Por orden del tribunal, los árbitros deberán emitir el laudo, luego de la nueva vista dentro del mismo término provisto en el artículo II-16(b).

(d) Si el tribunal denegara una moción para anular el laudo, deberá confirmarlo, a menos que haya una moción pendiente para modificar o corregir el laudo por otras razones.

COMENTARIOS

1. La "parcialidad evidente", la corrupción y la conducta impropia son causales de la anulación de los laudos. En casos de conducta impropia, la parte que presente la petición de anulación debe demostrar que la conducta de hecho perjudicó sus derechos antes de que un tribunal anule un laudo bajo esta causal. Creative Homes & Millwork, Inc. v. Hinkle, 426 S.E.2d 480 (N.C. Ct App. 1993). Los tribunales no han requerido que se demuestre perjuicio cuando las partes impugnan un laudo arbitral por causa de parcialidad evidente o corrupción de cualquiera de los árbitros. Gaines Constr. Co. v. Carol City Ut., Inc., 164 So. 2d 270 (Fl. Dist. Ct. 1964); Northwest Mech., Inc. v. Public Ut. Comm'n, 283 N.W.2d 522 (Minn. 1979); Egan & Sons Co. v. Mears Park Dev. Co., 414 N.W.2d 785 (Minn. Ct. App. 1987). La corrupción es también causal de anulación bajo el artículo I-7(a)(1) y no requiere que se demuestre perjuicio.

2. El propósito del artículo I-7(a)(5) es establecer que, si no existió un pacto arbitral válido, el laudo se puede anular. Sin embargo, el derecho a impugnar un laudo bajo esta causal está condicionado a que la parte que impugna la validez del convenio arbitral haya radicado esta objeción antes del comienzo de la vista bajo el artículo I-15(c) si la parte participa en el proceso arbitral.

Véase, por ejemplo, Hwang v. Tyler, 253 Ill. App. 3d 43, 625 N.E.2d 243, appeal denied, 153 Ill. 2d 559, 624 N.E.2d 807 (1993); Borg, Inc. v. Morris Middle Sch. Dist. No. 54, 3 Ill.App.3d 913, 278 N.E.2d 818 (1972); Spaw-Glass Constr. Serv., Inc. v. Vista De Santa Fe, Inc., 114 N.M. 557, 844 P.2d 807 (1992). El requisito del artículo I-7(a)(5) evita que las partes pierdan tiempo y recursos en el arbitraje para descubrir dicha objeción por primera vez en la moción de anulación. Una parte que se rehúsa participar o comparecer en un proceso arbitral retiene el derecho de impugnar la validez de un laudo bajo la causal de la no existencia de un acuerdo arbitral en una moción de anulación.

3. El artículo I-7(a)(6) provee una nueva causal de anulación relacionada con la falta de notificación previa sobre el comienzo de un proceso arbitral según se dispone en el artículo I-4. El requisito de notificación del artículo I-9 es un requisito mínimo cuya intención es atender preocupaciones sobre debido proceso. La notificación del inicio de un proceso de arbitraje está también sujeta a variación razonable por acuerdo de las partes. Véase, artículo 4(b)(2).

4. Conlleva la renuncia de las partes perjudicadas por falta de notificación, el no presentar una objeción oportuna, de conformidad con el artículo II-4(b). El artículo I-7(a)(6) también requiere que exista perjuicio sustancial a la contraparte antes de que el tribunal anule un laudo bajo la causal de falta de notificación previa.

5. Si el tribunal ordena una nueva vista arbitral, el artículo 7(c) provee que los árbitros emitirán su laudo durante el mismo término provisto en el artículo II-16(b).

ARTÍCULO 8
Modificación o Corrección de Laudo

(a) A menos que se haya presentado una solicitud bajo el artículo I-6, mediante moción dentro de los 90 días de la notificación del laudo; o de acuerdo con el artículo I-5, dentro de 90 días a partir de la notificación de un laudo modificado o corregido, el tribunal podrá modificar o corregir el laudo solo si concluye que:

(1) hubo error matemático manifiesto o error evidente en la descripción de una persona, cosa o propiedad;

(2) los árbitros han emitido el laudo para disponer de un asunto no sometido en el arbitraje y el laudo puede ser corregido sin afectar los méritos de la decisión sobre las controversias propiamente dirimidas; o

(3) el laudo no cumple con las formas requeridas, mas la modificación o corrección no afecta los méritos de laudo sobre las controversias dirimidas.

(b) Si se concede un remedio bajo el inciso (a), el tribunal modificará o corregirá el laudo y lo confirmará según modificado o corregido. De no concederse remedio bajo el inciso (a), el tribunal confirmará el laudo a menos que esté pendiente una moción para dejarlo sin efecto.

(c) Una solicitud para modificar o corregir un laudo conforme con este artículo puede incluir una solicitud para anular el laudo.

COMENTARIO

1. Este artículo fija los términos y el procedimiento aplicables a la modificación y corrección de los laudos por el tribunal; no su reconsideración. En términos generales, el artículo establece un balance entre el interés por asegurar la corrección de los laudos y la protección de su efectividad. Así, el artículo permite al tribunal corregir temas formales que no afectan la sustancia adjudicativa del laudo. Establece, asimismo, el término para acudir al tribunal.

ARTÍCULO 9
Sentencia en Torno a los Laudos;
Concesión de Honorarios de Abogado y Costas

(a) Al disponer para la confirmación del laudo, al dejar sin efecto un laudo sin ordenar una nueva audiencia arbitral, o al modificar o corregir un laudo, el tribunal dictará sentencia en la que haga constar su disposición. La sentencia se registrará como de ordinario se registran las sentencias y será ejecutable como cualquier sentencia dictada en un litigio civil.

(b) El tribunal podrá conceder costas y honorarios razonables de abogado a la parte que haya prevalecido en obtener la confirmación, la declaración de nulidad, modificación o corrección del laudo.

COMENTARIOS

1. El inciso (b) promueve la política pública a favor de la finalidad de los laudos arbitrales al añadir lenguaje que permite a los tribunales conceder honorarios de abogados y gastos a la parte vencedora en acciones judiciales para confirmar, anular, modificar o corregir un laudo que hayan sido controvertidas. La responsabilidad potencial por los gastos incurridos en los litigios post-laudo busca desalentar retos inmeritorios a la efectividad de los laudos. Véase, Blitz v. Bath Isaac Adas Israel Congregation, 352 Md. 31, 720 A.2d 912 (1998).

2. Este artículo se refiere a actitudes litigiosas temerarias. Si una parte no tiene los recursos para cumplir con las disposiciones de un laudo, este artículo no le impone responsabilidad adicional por los honorarios de abogado y gastos de litigio de la parte victoriosa.

ARTÍCULO 10
Jurisdicción

(a) Las salas del tribunal con competencia sobre las controversias a arbitrarse entenderán en los trámites relacionados con la implementación de un acuerdo arbitral.

(b) Cuando el acuerdo arbitral disponga que el arbitraje tendrá lugar en Puerto Rico, los tribunales en Puerto Rico tendrán jurisdicción exclusiva para la ejecución judicial de los laudos que recaigan en el arbitraje.

COMENTARIOS

1. El inciso (a) trata de la puesta en vigor de los acuerdos arbitrales. La regla es clara: se puede promover la puesta en vigor de un acuerdo de arbitraje en un tribunal con jurisdicción sobre el demandado y sobre la materia concernida.

2. Por su parte, el inciso (b) sigue la regla generalmente aceptada en el sentido de que la designación por las partes del lugar donde deba tener lugar el arbitraje concede a la jurisdicción designada la jurisdicción exclusiva para determinar la validez del laudo, de acuerdo con el artículo I-9, y su ejecución judicial.

3. De acuerdo con el artículo I-1, las partes pueden variar las disposiciones del artículo I-10 luego de que surja la controversia.

ARTÍCULO 11
Competencia

La competencia para atender las instancias provistas en el artículo II-2 de esta ley, recaerá en la sala del Tribunal de Primera Instancia con competencia sobre el lugar donde la vista de arbitraje deba ventilarse, o se haya ventilado, según sea el caso. En defecto de lo anterior, las instancias contempladas en el artículo II-2 se ventilarán en la sala con competencia sobre la residencia de cualquiera de las partes y en defecto de ello, en la sala de San Juan del Tribunal Superior.

En lo subsiguiente, el asunto se tramitará en el mismo tribunal, salvo que dicho tribunal otra cosa disponga.

COMENTARIO

1. Este artículo establece las normas de competencia para ventilar los asuntos de arbitraje en armonía con el artículo II-2.

ARTÍCULO 12
Alzadas

Se podrá acudir en alzada al Tribunal de Apelaciones contra una orden del Tribunal de Primera Instancia que:

(a) Ordene que el asunto se someta a arbitraje;

(b) Detenga el proceso arbitral;

(c) Confirme o deniegue un laudo;

(d) Modifique o corrija un laudo;

(e) Deje sin efecto un laudo, u ordene nueva vista;

(f) Sea final conforme lo provisto en esta ley.

Las alzadas contempladas en este artículo se canalizarán mediante solicitud de certiorari cuya expedición será discrecional por parte del Tribunal de Apelaciones que, decida o no expedir el auto de certiorari, las tramitará de forma expedita y resolverá, en cualquier caso, dentro de los seis meses de interpuesta. Siempre que proceda en derecho, el Tribunal de Apelaciones promoverá que su sentencia imparta finalidad al asunto.

COMENTARIO

1. El artículo dispone reglas sencillas sobre alzadas. Cabe puntualizar que estudios recientes indican que, en términos generales, el Tribunal de Apelaciones atiende con celeridad los asuntos relacionados con arbitrajes que se le someten. Salvador Antonetti Zequeira, Arbitraje comercial en Puerto Rico: ¿solución   o   problema?   (2013), https://www.academiajurisprudenciapr.org/arbitraje-comercial-en-puerto-rico-solucion-o-problema/. El problema tiende a surgir cuando la sentencia del Tribunal de Apelaciones no pone fin a la controversia en los foros judiciales y solo conduce a que continúen los procedimientos en el Tribunal de Primera Instancia. El propósito de este artículo es promover que, siempre que

corresponda en derecho, el Tribunal de Apelaciones intente en lo posible la finalidad del proceso judicial.

ARTÍCULO 13
Interpretación

Esta ley, basada en un modelo de legislación uniforme, se interpretará con atención al objetivo de uniformidad en las jurisdicciones donde se ha adoptado un modelo similar.

COMENTARIO

1. Este artículo recoge el objetivo de interpretación uniforme de leyes como esta, que buscan crear un ambiente uniforme entre las jurisdicciones que la adoptan. Naturalmente que la uniformidad no es el único valor que está presente a la hora de interpretar leyes que buscan crear un medioambiente uniforme. El tema queda encomendado al juicio de las cortes.

ARTÍCULO 14
Reconocimiento de Firmas Electrónicas

Las disposiciones de esta ley sobre el reconocimiento de firmas y constancias electrónicas deben interpretarse con liberalidad a favor de la incorporación de las tecnologías en procesos arbitrales, de conformidad con las leyes que rijan la materia.

COMENTARIO

1. Esta ley no intenta crear su propio sistema de uso y reconocimiento de firmas electrónicas y otros desarrollos tecnológicos. Descansa en vez en las leyes generales que rigen la materia.

ARTÍCULO 15
Entrada en Vigor; Vacatio Legis

Esta ley no entrará en vigor hasta el 1ro de enero de 2022.

COMENTARIOS

1. Este artículo debe verse en conjunto con el artículo I-1.

2. Según se explicó en el comentario al artículo I-1, la presente ley tiene como meta crear un sistema uniforme para regir el arbitraje en Puerto Rico, con independencia de cuándo se hayan perfeccionado los acuerdos arbitrales. Esto es, Puerto Rico no mantendrá un sistema bifurcado en el que la ley de 1951 gobierne los pactos arbitrales perfeccionados bajo su vigencia y esta ley los subsiguientes. Ello tendría poco sentido.

3. No obstante lo anterior, no como imperativo constitucional y solo en deferencia a la autonomía de la voluntad contractual de las partes, esta ley crea una *vacatio legis* suficientemente amplia como para que las partes que hayan contratado bajo la vigente legislación de 1951 puedan revisar dichos pactos en función de la normativa que se adopta en esta nueva legislación.

ARTÍCULO 16
Derogación

Se deroga la Ley de Arbitraje Comercial en Puerto Rico, Ley Núm. 376 de 8 de mayo de 1951.

ARTÍCULO 17
Disposición Transitoria

Esta ley no afectará las acciones y procedimientos iniciados antes de su efectividad, ni los derechos y prerrogativas que se hayan concedido antes.

CAPÍTULO II. – ARBITRAJE ORDINARIO

ARTÍCULO 1
El Acuerdo Arbitral

(a) Salvo por lo dispuesto más adelante en este artículo, las partes en un acuerdo arbitral pueden alterar las disposiciones de esta ley, o prescindir de ellas, siempre que no contravengan otros preceptos legales que tengan carácter obligatorio.

(b) Antes de que surja una controversia abierta por el acuerdo actual, las partes no podrán pactar para:

   (1) Prescindir, o variar lo dispuesto en los artículos I-2(a), I-3(a), I-6, I-17(a), I-17(b), I-9, o I-12.

   (2) Restringir irrazonablemente el derecho de notificación sobre inicio del proceso arbitral reconocido en el artículo II-4.

   (3) Restringir irrazonablemente las obligaciones de los árbitros de revelar la información requerida por el artículo II-9.

   (4) Renunciar al derecho a representación de abogado.

(c) En ningún caso las partes podrán prescindir, renunciar, o variar lo dispuesto en el anterior inciso (b), o en los artículos II-5, II-11, II-15, 1-5(d), I-5(e), I-6, I-7, 1-8, I-9(a), I-9(b), I-13, I-14, I-15 o I-16.

COMENTARIOS

1. El arbitraje debe estar regido por el acuerdo de las partes. De ahí que una ley general de arbitraje como esta crea, en esencia, derecho supletorio que atiende los asuntos no cubiertos en el acuerdo de las partes. Ahora bien, corresponde también a la ley dejar claro cuáles son los elementos de interés público que no quedan libres para definirse contractualmente por las partes.

2. El inciso (a) adelanta el universal principio de respeto a la autonomía contractual de las partes. Tal como se provee más tarde en el artículo II-3, el acuerdo de las partes debe constar en récord, aunque las partes están libres para enmendarlo verbalmente según se desarrolla el proceso.

3. La frase "siempre que no contravengan otros preceptos legales que tengan carácter obligatorio", con que concluye el inciso (a), se refiere a la interacción del derecho arbitral con el ordenamiento jurídico general. Esta ley general de arbitraje no contiene todas las limitaciones contractuales que rigen a las partes en un acuerdo arbitral. Hay otras que dimanan del derecho general. Los comentarios oficiales de la LUAR, con referencia al derecho común estadounidense, mencionan los principios de *"unconscionability"* como limitantes de la autonomía contractual en este campo. En nuestro contexto ocurre igual con los principios generales del derecho y la contravención a la moral y "las buenas costumbres" que se recogen en el artículo 1232 del Código Civil.

4. La ley bifurca la normativa en cuanto a la posibilidad de sustitución contractual de sus preceptos. De una parte, en el inciso (b) enumera los preceptos que no pueden variarse por las partes antes de surgir una controversia arbitrable. De la otra, en el inciso (c) relaciona los preceptos que no estarán en control de las partes ni antes ni después de surgir la controversia.

5. En cuanto a los primeros, resaltan los siguientes: el artículo 9 asegura que la notificación de comienzo del proceso arbitral provea información suficiente, si bien permite a las partes variar los detalles a ofrecerse.

6. Por otra parte, el inciso (b)(3) reconoce que en muchos casos las partes escogen regirse por las reglas establecidas por organizaciones de arbitraje y que estas reglas disponen qué información los árbitros deben revelar. Esta ley provee para que, siempre que sean razonables, las reglas de las organizaciones de arbitraje prevalezcan sobre los requerimientos del artículo II-9.

7. El derecho a estar representado por abogado en procesos arbitrales, reconocido en el artículo II-13, es importante en casos en que las partes no tienen el mismo poder de negociación.

8. La capacidad de las partes para interferir con la función jurisdiccional según establecida en la Federal Arbitration Act (en adelante, "FAA"), para modificarla contractualmente, requiere atención cuidadosa especialmente luego de la opinión del Tribunal Supremo de Estados Unidos en Hall Street Associates v. Mattel, Inc. 552 U.S. 576 (2008). Hall Street parece sugerir que la relación de las cortes con los laudos que produce el sistema arbitral de adjudicaciones está determinada por la sección 3 de la FAA. Desde luego que la FAA se refiere solo a controversias que surgen del comercio interestatal, pero es igualmente cierto que hoy día son pocas las controversias que surgen fuera de ese ámbito. Oportunamente el Tribunal Supremo de Estados Unidos tendrá oportunidad de volver a atender y esclarecer más la doctrina de Hall Street. Por lo pronto, el inciso (b)(1) solo dispone que una vez iniciado el proceso las partes pueden enmendar el pacto para limitar la posibilidad de apelaciones.

9. Finalmente, el inciso (c) enumera los artículos de esta ley que no son alterables contractualmente por las partes en ningún momento. Se refiere a temas como los poderes de los tribunales de compeler a arbitraje o de detener el mismo (artículo II-5); la inmunidad de los árbitros y las organizaciones de arbitraje (artículo II-11); el poder de las cortes de poner en vigor determinaciones interlocutorias de los árbitros (artículo II-15); el poder de los tribunales a requerir la corrección o clarificación de laudos (artículo I-5(d)); el poder judicial en torno a la confirmación, anulación o modificación de laudos (artículos I-6, I-7 y I-8), tema de interés especial a la luz de lo resuelto en Hall Street; los mecanismos para los tribunales dictar sentencia y conceder costas en casos relacionados con arbitrajes (artículos I-9(a) y (b)). Las partes tampoco pueden alterar las disposiciones del propio artículo II-1, así como del artículo I-13 sobre uniformidad en la interpretación de esta ley y leyes similares adoptadas en otras jurisdicciones; las disposiciones sobre firmas electrónicas contenidas en el artículo I-14; la fecha de vigencia de esta ley según dispuesta en el artículo I-15; la norma sobre aplicabilidad de esta ley a pactos arbitrales adoptados en distintas fechas (artículo I-16) y los artículos I-16 y I-17 en cuanto a la sustitución de la vigente ley general de arbitraje.

ARTÍCULO 2
Intervención Judicial

(a) Cualquier solicitud de intervención judicial con relación a procesos arbitrales se hará mediante moción y se atenderá de la misma manera que de ordinario se atienden las mociones en casos civiles, con excepción de lo dispuesto en el artículo I-12(b).

(b) Salvo que esté pendiente un litigio en torno al acuerdo arbitral, las mociones contempladas en el inciso anterior se notificarán de la forma provista en las Reglas de Procedimiento Civil para diligenciar los emplazamientos. De lo contrario, las mociones se notificarán en la forma en que se provee por las Reglas de Procedimiento Civil para la notificación de mociones.

COMENTARIO

1. Este artículo es claro. Sigue la política prevaleciente en el sentido de que la intervención judicial que sea necesaria en torno a procesos arbitrales debe tramitarse mediante mociones en vez de la iniciación de un litigio. Desde luego que para asegurar que la parte promovida esté debidamente informada del pedido judicial, en casos en que no media un litigio previo en torno al asunto la moción debe servirse cumpliendo con las formalidades del emplazamiento, salvo que las partes acuerden otra cosa.

ARTÍCULO 3
Eficacia del Acuerdo de Arbitraje

(a) Un acuerdo escrito para someter a arbitraje una controversia presente o futura es válido, exigible e irrevocable, excepto por las causas dispuestas en ley para la nulidad de los contratos.

(b) Corresponderá al tribunal decidir si existe un acuerdo de arbitraje o si una controversia está sujeta a dicho acuerdo salvo que las partes acuerden lo contrario expresamente, o indirectamente al escoger contractualmente que el proceso será regido por una organización de arbitraje determinada.

(c) Corresponderá a los árbitros decidir si se han cumplido las condiciones pactadas para activar los acuerdos arbitrales.

(d) Cuando se impugne judicialmente la existencia de un acuerdo arbitral o se reclame en corte que una controversia no está sujeta a dicho acuerdo, el procedimiento de arbitraje en torno a tal controversia podrá continuar salvo que el tribunal ordene la paralización de los procedimientos.

COMENTARIO

1. Este artículo sigue el criterio de la FAA en torno a la validez y efectividad de los acuerdos arbitrales. La ley reconoce que la cuestión de la arbitrabilidad sustantiva de las disputas está referida a los tribunales, aunque reconoce asimismo que las partes pueden pasar esa cuestión a los árbitros si así lo acuerdan expresamente, o indirectamente al escoger un sistema arbitral que encomienda a los árbitros la cuestión.

ARTÍCULO 4
Inicio Del Arbitraje

(a) El arbitraje se inicia mediante notificación escrita a las contrapartes en el convenio arbitral de la forma contemplada en el convenio. En ausencia de acuerdo, la notificación se hará mediante correo certificado o registrado, con acuse de recibo, o a través de cualquier otra forma autorizada por las Reglas de Procedimiento Civil para el inicio de una acción civil. La notificación debe describir la naturaleza de la controversia y el remedio solicitado.

(b) Salvo que se objete la suficiencia de la notificación bajo el artículo II-12(c) antes del comienzo de la primera vista de arbitraje, la comparecencia a la vista, salvo que sea para objetar la suficiencia de la notificación, conlleva la renuncia a cualquier objeción a la suficiencia de la notificación.

COMENTARIO

1. Este artículo provee para el inicio de los procedimientos arbitrales a falta de acuerdo de las partes al respecto. Los mecanismos provistos para ese

propósito en el acuerdo arbitral serán válidos excepto que contravengan criterios esenciales de razonabilidad. Igualmente serán válidos los mecanismos escogidos indirectamente al escogerse un foro arbitral determinado.

ARTÍCULO 5
Moción para Compeler al Arbitraje.

(a) A moción de cualesquiera de las partes de un convenio de arbitraje que alegue la negativa de su contraparte a proceder al arbitraje:

(1) el tribunal ordenará que se proceda con el arbitraje salvo que la parte promovida comparezca a presentar oposición suficiente;

(2) si la contraparte comparece y presenta oposición, una vez escuchadas las partes, el tribunal determinará sobre la existencia de un acuerdo arbitral válido.

(b) El tribunal resolverá expeditamente una solicitud que alegue que existe una controversia en cuanto a la validez de un proceso arbitral en curso o por comenzarse. Si el tribunal entiende que existe un convenio arbitral válido, el tribunal ordenará de inmediato que se proceda con el arbitraje.

(c) El ningún caso el tribunal se negará a ordenar el inicio o continuación de un proceso arbitral basado en su criterio sobre los méritos de la reclamación.

(d) Advertido el tribunal ante el cual se ventila una acción civil de que esta deba someterse a resolución en un proceso arbitral, el tribunal deberá suspender de inmediato el trámite judicial y ordenará el arbitraje de conformidad con el pacto arbitral correspondiente, salvo que las circunstancias permitan concluir que las partes han renunciado con sus comportamientos a los términos de dicho pacto.

COMENTARIOS

1. El contenido de este artículo es sencillo: se limita a establecer el deber de los tribunales de tramitar con celeridad los asuntos que se refieran a temas arbitrales. Se reitera el deber de los tribunales de no vincular su deferencia al foro arbitral a su apreciación de los méritos de la reclamación. Por otra parte, se reconoce el derecho de los tribunales a negarse a referir a arbitraje un asunto en el que la incuria de las partes permite concluir que el recurso arbitral se ha renunciado.

2. Una vez iniciado el arbitraje conforme este artículo, las mociones que se deban hacer al tribunal bajo esta ley se notificarán de la manera ordinaria para las notificaciones entre las partes sometidas al arbitraje.

ARTÍCULO 6
Remedios Provisionales

(a) A solicitud de cualquiera de las partes en el proceso de arbitraje y mediando justa causa, un tribunal podrá emitir remedios provisionales de acuerdo con las Reglas de Procedimiento Civil para asegurar la efectividad de los procedimientos de arbitraje, mientras no se haya nombrado y autorizado un tribunal arbitral hábil para actuar.

(b) Una vez designados y autorizados los árbitros:

(1) podrán conceder los remedios provisionales que estimen necesarios para proteger la efectividad de los procedimientos de arbitraje y para promover la resolución justa y rápida de la controversia, en la misma medida y bajo las mismas condiciones que lo permiten las Reglas de Procedimiento Civil, y

(2) las partes podrán solicitar al tribunal un remedio provisional sólo si el asunto es urgente y los árbitros no pueden actuar a tiempo o no pueden proveer una medida adecuada.

(c) Las partes no renuncian al derecho de arbitraje al presentar una moción bajo los incisos (a) o (b) de este artículo.

COMENTARIOS

1. Se reconoce la facultad de los tribunales de proveer remedios provisionales que sean necesarios para proteger la efectividad de procesos arbitrales en los que todavía no se han designado árbitros. La intención de la ley es, desde luego, que una vez designados, los árbitros puedan revisar y modificar los remedios dispuestos por el tribunal antes de su designación.

2. Se reconoce asimismo la facultad de los árbitros, una vez designados, de dictar todos los remedios provisionales disponibles a los jueces en los procesos civiles ordinarios.

ARTÍCULO 7
Consolidación de Procedimientos de Arbitraje

(a) Salvo lo dispuesto en el inciso (c) de este artículo, mediante moción de una de las partes en un acuerdo arbitral, el tribunal podrá ordenar la consolidación de procedimientos de arbitraje en cuanto a todas o algunas de las controversias o reclamaciones, siempre y cuando que:

(1) existan acuerdos de arbitraje separados, o procedimientos de arbitraje entre las mismas partes, o una de ellas es parte de un acuerdo arbitral distinto o participa en un procedimiento arbitral con un tercero;

(2) las reclamaciones sujetas a los distintos acuerdos arbitrales surgen sustancialmente de las mismas transacciones o serie de transacciones;

(3) existe una cuestión común de hechos o derecho que crea la posibilidad de laudos conflictivos si cada reclamación se atiende por separado; y

(4) los perjuicios que puedan resultar de mantenerse los procedimientos separados son mayores que los atrasos y complicaciones que la consolidación puede causar.

(b) El tribunal podrá ordenar la consolidación en cuanto a alguna de las reclamaciones y denegar la consolidación de otras.

(c) El tribunal no podrá ordenar la consolidación de reclamaciones si el acuerdo de arbitraje lo prohíbe.

COMENTARIOS

1. En las relaciones que involucran múltiples contratos, es inusual que las partes lleguen a un único acuerdo de arbitraje. En ocasiones pueden existir múltiples acuerdos de arbitraje. Estas situaciones presentan la posibilidad de que un mismo asunto se dilucide en múltiples foros, aumentándose los gastos y generándose riesgos de laudos inconsistentes. Véase, III McNeil Treatise sec. 33.3.2. Estas actuaciones son particularmente comunes, aunque no se limitan a la industria de la construcción, seguros y transacciones marítimas. Véase, Thomas J. Stipanowich, *Arbitration and the Multiparty Dispute: The Search for Workable Solutions,* 72 Iowa L. Rev. 473, 481-82 (1987).

2. Muchas leyes estatales, la Federal Arbitration Act y la mayoría de los acuerdos de arbitraje no consideran específicamente la consolidación de procedimientos de arbitraje. Ello ha generado debate. Esta ley sigue la tendencia actual en la mayoría de los estados que han adoptado la ley uniforme revisada y se decanta en favor de permitir la consolidación.

ARTÍCULO 8
Nombramiento De Árbitros; Neutralidad

(a) Los árbitros se nombrarán según el método previamente acordado por las partes. En ausencia o por ineficacia de tal acuerdo, o si un árbitro acordado no actúa o no puede actuar, el tribunal nombrará al árbitro correspondiente a petición de cualquiera de las partes. Los árbitros nombrados por el tribunal tendrán las mismas facultades que hubiesen tenido si hubiesen sido nombrados conforme al acuerdo arbitral.

(b) Ninguna persona que tenga un interés directo y material en el resultado del arbitraje o que tenga una relación sustancial con una parte podrá servir como árbitro.

COMENTARIOS

1. En casos de tres árbitros, en los cuales las partes designan cada una a uno y estos dos designan al tercero, las partes pueden, bajo algunas reglas, nombrar árbitros no-neutrales, quienes a veces se escogen precisamente por sus conocimientos o su relación con una parte. Esta ley se adhiere a las tendencias actuales y no contempla esa posibilidad. Esta ley requiere que todos los árbitros que se designan a su amparo sean neutrales. Ahora bien, esta ley reconoce y respeta el hecho de que las reglas de determinadas organizaciones de arbitraje contemplan la participación en paneles colegiados de árbitros que no reúnen los requisitos de neutralidad. El artículo II-8(b) aplica a los árbitros neutrales, pero no necesariamente a los no-neutrales que se designen de acuerdo con las reglas de tales organizaciones.

2. El Código de Ética para Árbitros Comerciales de la American Bar Association, también avalado por la American Arbitration Association, enumera en su Canon X aquellas normas que aplican a los árbitros no neutrales. El Código, siguiendo la tendencia general, establece la presunción de neutralidad para todos los árbitros, aun los designados por las partes, a menos que las partes acuerden otra cosa.

ARTÍCULO 9
La Imparcialidad de los Árbitros y el Deber de los Árbitros de Revelar Información

(a) Todos los árbitros deben ser imparciales.

(b) Los árbitros deben revelar a las partes y, en su caso, a los demás árbitros, cualquier información que afecte o pueda afectar su capacidad de juzgar imparcialmente la controversia a arbitrarse.

(c) Antes de aceptar su designación, los árbitros deben reflexionar sobre sus gestiones comerciales, financieras y personales, actuales y pasadas, así como pasar revista de sus anteriores y presentes relaciones sociales y profesionales. Al hacerlo, deben mostrar la diligencia y el cuidado profesional propio de personas que ejercen funciones arbitrales.

(d) Como parte de ese ejercicio, deben revelar los hechos y circunstancias capaces de afectar su imparcialidad o de producir la apariencia de imparcialidad. La información debe comunicarse a la organización de arbitraje, de haber alguna, para que sea compartida a las partes y a los restantes árbitros. De no haber una organización de arbitraje a cargo del proceso, debe comunicarse directamente a las partes y de tratarse de un tribunal arbitral colegiado, a los restantes árbitros.

(e) La responsabilidad de investigar y revelar impuesta a los árbitros en este artículo se mantiene a través del proceso arbitral.

(f) Basados en la información que surja de su reflexión e investigación, los árbitros pueden rechazar su designación como tales, o pueden abstenerse de continuar en el proceso si ya han aceptado la designación. Asimismo, de conocerse hechos que puedan afectar su imparcialidad, una parte que haya nominado al árbitro puede negarse a concluir el proceso de designación ya iniciado, o puede revocar la nominación siempre que el proceso arbitral no haya comenzado.

(g) Una vez el proceso arbitral se ha iniciado, se someterán al panel arbitral las objeciones a la participación subsiguiente de cualquier árbitro. El tribunal arbitral decidirá si la objeción se ha presentado de buena fe y si procede la remoción del árbitro. En casos encomendados a un solo árbitro, la impugnación se hará ante este, aunque su decisión, de ser contraria a la impugnación, puede elevarse en revisión al tribunal.

(h) Una vez el tribunal arbitral procede a descalificar y remover a un árbitro, o en su caso el tribunal ordena la descalificación o remoción, el árbitro tendrá derecho a compensación razonable por los servicios prestados. El tribunal arbitral fijará dicha compensación y la forma en que debe satisfacerse. Asimismo, en consulta con la organización de arbitraje correspondiente, de haber una, el tribunal arbitral designará un árbitro sustituto, aunque las partes pueden decidir continuar el proceso arbitral con el panel truncado. En casos encomendados a un solo árbitro, de no participar una organización arbitral, el tribunal podrá designar al árbitro sustituto, a falta de acuerdo entre las partes en torno a la designación.

(i) Si el tribunal arbitral concluyera que la impugnación de un árbitro ha sido hecha de mala fe o con el propósito de demorar el proceso, impondrá las sanciones correspondientes. Igualmente hará el tribunal o, en su caso, la organización arbitral, en casos encomendados a un solo árbitro.

COMENTARIOS

1. La imparcialidad es un concepto medular en el arbitraje. Pocas personas o entidades estarían dispuestos a someter sus controversias a la decisión final de árbitros sin alguna garantía de imparcialidad. Una de las pocas causas para revocar un laudo, en varios estatutos, es la "parcialidad evidente" de los árbitros o cualquiera de ellos. Art. 22(b) de la Ley de Arbitraje de Puerto Rico, 32 LPRA §3222(b)(2); Sec 10 (a) (2) del Federal Arbitration Act, 9 USC §10 (a)(2); Art. 23(a)(2) de esta ley. Como corolario, las normas para escoger árbitros requieren que éstos divulguen cualquier hecho o relación que pueda crear dudas sobre su neutralidad. El criterio es objetivo: si un hipotético hombre razonable, al conocer los hechos, dudaría de la imparcialidad del árbitro, y por tanto de la justicia y limpieza del procedimiento. Esta norma es corolario de los límites que la ley y la jurisprudencia imponen a la revisión judicial de los laudos de arbitraje.

2. El problema que crea la parcialidad de un árbitro se agrava porque existe una tensión entre el concepto de justicia imparcial y la idea de que las partes tengan derecho a escoger las personas que decidirán su controversia, incluyendo peritos, con los puntos de vista y prejuicios inherentes a su experiencia profesional o de negocios. Las metas de seleccionar árbitros con experiencia previa e imparcialidad a veces confligen, por lo que hay que ofrecer a las partes, como contrapeso, la información sobre hechos que razonablemente puedan afectar la imparcialidad del juzgador.

3. Este artículo se basa en los criterios de divulgación del Canon II del Código de Ética para Árbitros Comerciales de la AAA/ABA.

ARTÍCULO 10
Mayoría

Si participa más de un árbitro, los poderes arbitrales se ejercerán por la mayoría de estos, aunque todos conducirán la audiencia que se describe en el artículo II-12(c).

COMENTARIO

1. Puesto que este artículo no se menciona en el artículo II-1 incisos (b) y (c), los requisitos de mayoría y la participación de todos en la audiencia pueden ser modificados por las partes en su acuerdo de arbitraje. Sin acuerdo en contrario, rigen los preceptos de este artículo.

ARTÍCULO 11
Inmunidad de los Árbitros

(a) En el ejercicio de sus funciones arbitrales, los árbitros disfrutarán de inmunidad absoluta frente a reclamaciones de responsabilidad civil.

(b) No revelar la información requerida por el artículo II-9 de esta ley, la eventual descalificación o la remoción de los árbitros o el hecho de que el laudo emitido resulte imposible de ejecutar no menoscabará la inmunidad de los árbitros.

(c) Toda reclamación de responsabilidad civil contra los árbitros que concluya con la declaración de la inmunidad de estos conllevará la imposición al reclamante del pago de honorarios de abogado y costas.

(d) La inmunidad absoluta de los árbitros no se extiende a las organizaciones arbitrales, que serán responsables de los daños causados por el desempeño doloso de sus responsabilidades.

COMENTARIOS

1. Este artículo sigue la regla de inmunidad absoluta de los árbitros en el ejercicio de sus funciones arbitrales que prevalece bajo la Ley Federal de Arbitraje.

2. En Puerto Rico no rige la regla de inmunidad absoluta para jueces. El Tribunal Supremo, en Feliciano Rosado v. Matos, 110 DPR 550, 568–69 (1981) adoptó en vez una regla de inmunidad cualificada. ¿Debe regir una regla de mayor protección para los árbitros? La aplicación de la regla de *Feliciano Rosado* al contexto arbitral no ha sido del todo clara. CRUV v. Hampton Development Corp., 112 DPR 59 (1982)

3. Esta ley sigue la regla de inmunidad absoluta por varias razones: Primero, atiende la advertencia del Decano Helfeld en el sentido de que una regla de protección menor como la de *Feliciano Rosado* puede ir en contra los requerimientos de la Ley Federal según interpretada en Antoine v. Byers & Anderson, 508 US 429 (1993). Véase, David M. Helfeld, *La jurisprudencia creadora: Factor determinante en el desarrollo del derecho de arbitraje en Puerto Rico*, 70 REV. JUR. UPR 1 (2001) (comentando a C.R.U.V. v. Hampton Dev. Corp., 112 DPR 59 (1982)).

4. En segundo lugar, porque una regla de protección menor puede operar como disuasivo a que Puerto Rico se escoja como foro arbitral, frente a la alternativa de las restantes jurisdicciones más protectoras de los árbitros.

5. La inmunidad absoluta no se extiende a las organizaciones arbitrales. Tampoco se les hace vulnerables a reclamaciones por mera negligencia. El equilibrio es otro: en Estados Unidos, se propone una regla de responsabilidad por *"gross negligence, wanton disregard, or recklessness"* (véase, T.E Carbonneau y H. Allen Blair, Arbitration Law and Practice 170 (2019)) que en nuestro sistema jurídico no es otra cosa que el cumplimiento doloso. Esa es la regla que se adopta en esta ley.

ARTÍCULO 12
El Proceso de Arbitraje

(a) El tribunal arbitral según constituido estará presente en los procedimientos.

(b) El tribunal arbitral administrará el arbitraje justa y expeditamente.

(c) Las partes tendrán oportunidad de ser oídas y de responder a las alegaciones de sus contrapartes. El tribunal arbitral podrá tomar decisiones basado en la prueba presentada, no empece que las partes que hayan sido debidamente notificadas no hayan comparecido en todo o parte del proceso. Las objeciones de las partes a las determinaciones del tribunal arbitral sobre asuntos procesales deben presentarse oportunamente. A falta de oportuna presentación, la objeción puede tenerse por renunciada.

(d) Salvo que el acuerdo arbitral o las reglas de la organización de arbitraje otra cosa provean, el tribunal arbitral fijará el tiempo y lugar de las vistas, dando siempre a las partes la debida notificación.

(e) El tribunal arbitral tendrá facultad para ordenar recesos y posposiciones en las instancias que se generen a través del arbitraje. El tribunal arbitral concederá los recesos y posposiciones solicitados por las partes siempre que medie justa causa para la solicitud. En la concesión de recesos y posposiciones el tribunal arbitral tendrá en consideración los límites de tiempo fijados para la conclusión del arbitraje.

(f) El tribunal arbitral podrá celebrar conferencias con antelación a la vista si las estima útiles para la toma de decisiones sobre asuntos interlocutorios.

(g) A solicitud de parte, el tribunal podrá disponer de asuntos sumariamente siempre que medie la debida notificación a la parte promovida y esta tenga oportunidad de ser oída en torno a la solicitud.

COMENTARIOS

1. Esta sección mantiene sin alteraciones mayores el contenido normativo de la sección 15 de la Ley uniforme revisada, aunque intenta mejorar la forma en que se organizan los temas en la revisión propuesta.

2. La sección 15 de la revisión ha sido objeto de críticas fuertes: "The most striking feature of Section 15 is its conceptual disarray," —dicen Carbonneau y Allen Blair. Añaden que, a su juicio, en la revision propuesta "there is no discernible organizational order to the elaboration or positioning of the various rules. The content of these rules also lacks cohesion and balance— minor matters are linked to broader policy concerns for no discernible reason or objective. Propositions refer indiscriminately to fundamental procedural concerns and the incidents that flow from the micromanagement of the arbitral process. This approach and its consequences are simply not commensurate with the goal of drafting a model statute." Aunque las notas del comité redactor ayudan mucho a corregir algunos problemas denunciados, en Arbitration Law and Practice 173 (2019) Carbonneau y Allen Blair proponen una nueva redacción para atender mejor los temas explicados.

3. En atención de lo anterior, el texto propuesto por el Comité Redactor de la Academia toma como base las sugerencias de Carbonneau y Allen Blair con respecto a la redacción del artículo II-12. El contenido normativo mantiene, sin embargo, el nivel de uniformidad debido.

ARTÍCULO 13
Representación Legal

Toda parte en un proceso de arbitraje podrá ser representada por abogado si así lo desea.

COMENTARIO

1. El artículo II-1(b)(4) dispone que la renuncia al derecho a ser representado por abogado con anterioridad al inicio del arbitraje será ineficaz, aunque en el

arbitraje obrero patronal, un patrono y una organización sindical pueden renunciar al derecho a representación legal.

ARTÍCULO 14
Testigos; Citaciones; Deposiciones; Descubrimiento

(a) El tribunal arbitral tendrá poder de emitir citaciones y órdenes con el propósito de asegurar la producción de la prueba documental y testimonial necesaria en el proceso arbitral y en la eventual solución de las controversias sometidas a su consideración. Las citaciones y órdenes de los árbitros podrán dirigirse a las partes que participan en el proceso arbitral y a terceros que no sean parte en el proceso. Si una parte incumple con lo dispuesto en las órdenes y citaciones de los árbitros, éstos podrán tomar las medidas que puede tomar un tribunal de justicia en las mismas circunstancias. Si el incumplimiento es de un tercero que no es parte en el proceso, la parte interesada o los árbitros podrán solicitar al tribunal competente, mediante moción, que obligue a su cumplimiento. Las órdenes y citaciones emitidas por tribunales arbitrales fuera de Puerto Rico serán asimismo adoptadas por los tribunales de Puerto Rico velando siempre por la justicia, prontitud y economía del proceso.

(b) A solicitud de parte o de un testigo en el proceso arbitral, los árbitros podrán autorizar que se tome deposición al testigo y se utilice dicha deposición como prueba en las vistas. Los árbitros determinarán las condiciones bajo las cuales se tomará la deposición.

(c) Los árbitros podrán permitir el descubrimiento de prueba que estimen apropiado, tomando en cuenta las necesidades de las partes en el arbitraje y de otras personas afectadas, así como el deber de promover un proceso justo, expedito y económico.

(d) Los árbitros podrán emitir órdenes de protección para evitar la divulgación de información privilegiada, información confidencial, secretos comerciales y otra información protegida, como en una acción civil que se ventile ante los tribunales puertorriqueños.

COMENTARIOS

1. El inciso (a) recoge y sistematiza lo dispuesto en los incisos (a), (d), (f) y (g) de la revisión a la Ley Uniforme. Se sigue así la recomendación de los profesores Thomas E. Carbonneau y Henry Allen Blair, de hacer la redacción más comprensible y manejable. Thomas E. Carbonneau & Henry Allen Blair, Arbitration Law And Practice 173-74 (2019).

2. Actualmente, solo se les reconoce a los árbitros autoridad de citación para requerir la comparecencia de testigos y la presentación de documentos en la vista, o para deponer testigos que no puedan asistir a la vista. Esta ley va más allá. El inciso (b) reconoce la autoridad de los árbitros para permitir deposiciones, asegurándose siempre que se mantienen los objetivos de economía procesal y eficiencia de los arbitrajes. Igual criterio gobierna el procesamiento de citaciones u órdenes de descubrimiento por parte de árbitros que operan fuera de Puerto Rico.

3. Los incisos (a) y (b) no son renunciables conforme al artículo II-1(b) porque se refieren a la facultad inherente del árbitro para llevar a cabo las vistas con imparcialidad, asegurando que los testigos y récords estén disponibles. Los demás incisos del artículo II-14, incluyendo si habrá de permitirse el descubrimiento de prueba previo a la vista, podrán ser renunciadas o modificadas por acuerdo de las partes según el artículo II-1(a).

4. La normativa sobre descubrimiento en el inciso (c) se basa en las Reglas de Arbitraje del Centro de Recursos Públicos (CPR) para el Arbitraje no Administrado de Controversias Comerciales, R. 10 y en las Reglas de Arbitraje de la Comisión de las Naciones Unidas para el Derecho Mercantil Internacional (UNCITRAL), Reglas 24 (2), 26. El lenguaje sigue el enfoque mayoritario según la jurisprudencia de la UAA y la FAA que se inclina a que la discreción sobre si permitir o no el descubrimiento recae en los árbitros, salvo que el contrato especifique lo contrario. El procedimiento de descubrimiento en el inciso (c) procura garantizar un arbitraje expedito, eficiente e informado mientras protege adecuadamente los derechos de las partes. Debido a que el inciso (c) es renunciable según el artículo II-1(a), la disposición tiene la intención de alentar a las partes a negociar la extensión del descubrimiento de prueba.

5. Aunque el inciso (c) autoriza a que un árbitro permita descubrimiento para que así las partes puedan obtener información necesaria, la intención del lenguaje es limitar el descubrimiento por consideraciones de imparcialidad, eficiencia y costo. Debido a que el inciso (c) está sujeto al acuerdo de arbitraje entre las partes, estas podrán decidir eliminar o limitar el descubrimiento según sus necesidades. Sin embargo, el estándar predeterminado del inciso (c) busca desalentar la mayoría de las formas de descubrimiento en el arbitraje.

6. El enfoque simplificado y directo para el descubrimiento reflejado en los incisos (c) al (e) se basa en el deber afirmativo de las partes de cooperar para la conclusión rápida y eficiente del descubrimiento. El estándar para la decisión en casos particulares se deja a los árbitros. La intención del artículo II-14, similar al artículo II-6(b) que permite a los árbitros emitir remedios provisionales, es otorgar a los árbitros el poder y la flexibilidad para garantizar que el proceso de descubrimiento sea justo, expedito y económico.

7. En ocasiones los procesos arbitrales involucran a terceros, a los que se les podrá requerir que testifiquen o presenten documentos. El inciso (c) dispone que los árbitros tendrán en cuenta los intereses de tales "personas afectadas" para determinar si el descubrimiento es apropiado y en qué medida lo es. El inciso (b) se ha ampliado para que un "testigo" que no sea parte pueda solicitar a los árbitros que permitan que su testimonio se presente en la vista mediante deposición.

8. Debe recordarse que las órdenes de los árbitros, a diferencia de las emitidas por los tribunales, no son autoejecutables. Por lo tanto, un tercero que no esté de acuerdo con una citación u orden emitida por un árbitro simplemente no está compelido a cumplirla. En ese momento, la parte en el arbitraje que desea que el tercero testifique o produzca información debe solicitar del tribunal que haga efectiva la orden del árbitro. Además, ya sea el tercero contra quien se emitió la orden u otra parte en nombre del tercero, podrán presentar una moción para anular la citación u orden arbitral.

9. Al hacer cumplir citaciones, los tribunales se han mostrado muy atentos a la condición de tercero de la persona citada. Por ejemplo, en Reuters Ltd. v. Dow Jones Telerate, Inc., 231 A.D.2d 337, 662 N.Y.S.2d 450 (N.Y. App. Div. 1997), un árbitro intentó requerir documentos a un tercero competidor. El

tribunal sostuvo que, aunque los árbitros tienen autoridad para emitir citaciones, la citación cuestionada era inapropiada porque requería que el tercero divulgara información que podría ubicarle en desventaja competitiva y, por otra parte, la información requerida no era suficientemente importante para el arbitraje.

10. La intención de este artículo es seguir el enfoque actual de los tribunales de salvaguardar los derechos de terceros mientras a la vez se asegura de que haya suficiente información para nutrir el proceso arbitral.

ARTÍCULO 15
Finalidad de las Determinaciones Pre-Laudo del Tribunal Arbitral

Cuando antes de emitirse el laudo final recayere una decisión a favor de una parte, esta podrá solicitar que tal decisión se haga formar parte de un laudo interlocutorio conforme con el artículo II-16 de esta ley.

Asimismo, la parte a favor de la cual se dicte dicho laudo interlocutorio podrá solicitar al tribunal, mediante moción, que dicte expeditamente una orden para confirmar dicho laudo conforme se dispone en el artículo I-6 de esta ley. El tribunal decidirá expeditamente sobre dicha solicitud. Salvo que medien razones para anular, modificar o corregir el laudo interlocutorio dictado, según se provee en los artículos I-7 y I-8, el tribunal deberá confirmarlo y proveer para su ejecución.

COMENTARIOS

1. Este artículo reitera el estado de derecho en muchas jurisdicciones en cuanto a determinaciones hechas por el tribunal arbitral antes de emitirse un laudo final. La norma responde a una cuestión práctica: toda vez que las órdenes del tribunal arbitral no son autoejecutables, la parte a favor de la cual se resuelve interlocutoriamente un asunto que sea prudente ejecutar sin aguardar por el laudo final, tiene interés de que dicha resolución se convierta en un laudo, para que así advenga ejecutable.

2. En términos generales, los tribunales no se inclinan a revisar órdenes interlocutorias de un árbitro. El Noveno Circuito, en Aerojet-General Corporation v. American Arbitration Association, 478 F.2d 248, 251 (9no. Cir. 1973) declaró que "la revisión judicial antes de la emisión de un laudo arbitral final deberá ser considerada, solo en los casos más extremos". Hace muchos años que los tribunales concluyen que una regla más laxa frustraría el propósito básico del arbitraje de proporcionar una solución rápida sin el costo y la demora de un procedimiento judicial. En Harleyville Mutual Casualty Co. v. Adair, 421 Pa. 141, 145, 218 A.2d 791, 794 (Pa. 1966), la Corte Suprema de Pensilvania sostuvo que permitir impugnaciones a las decisiones interlocutorias de un árbitro sería "impensable".

3. La intención de este artículo es asegurar que el tribunal actúe rápidamente acelerando en lo posible un asunto que trate de la puesta en vigor de una determinación arbitral prelaudo para preservar la integridad del arbitraje en curso.

4. Una orden del tribunal arbitral que niega una solicitud con respecto a la conversión de decisiones interlocutorias en laudos ejecutables no está sujeta a revisión judicial conforme a este artículo. Se evitan de esa forma las demoras que causarían las intervenciones judiciales mientras discurre el proceso arbitral. Todo argumento relacionado con el asunto debe aguardar a que se emita el laudo final.

ARTÍCULO 16
Laudo

(a) El tribunal arbitral emitirá el laudo por escrito, firmado o autenticado por los árbitros que estén de acuerdo con la decisión. El tribunal arbitral o la organización de arbitraje notificará el laudo a cada parte en el proceso arbitral.

(b) El laudo se emitirá dentro del término especificado por el acuerdo arbitral, por la asociación de arbitraje correspondiente o por el tribunal. El tribunal o las partes podrán extender el término dispuesto para la emisión del laudo ya sea dentro de dicho término o luego de haber discurrido. Se entenderá renunciada cualquier objeción relacionada con el tiempo en que se emitió el laudo si la parte objetante no presenta su objeción al tribunal arbitral antes de recibir la notificación del laudo.

COMENTARIO

1. El artículo es claro. Merece significarse solo lo referente a que la autenticación del laudo por parte de los árbitros puede hacerse de conformidad con la normativa emergente sobre firmas electrónicas y otras formas de autenticación.

ARTÍCULO 17
Remedios, Costas y Gastos de los Procesos Arbitrales

(a) Los árbitros podrán conceder costas, gastos, honorarios de abogado u otros remedios compensatorios, siempre y cuando que la prueba lo justifique y dicha concesión esté autorizada por el acuerdo de arbitraje o por las Reglas de Procedimiento Civil si el caso se ventilara en el tribunal.

(b) En cuanto a aquellos remedios distintos a los autorizados por el inciso (a), los árbitros podrán ordenar los que consideren justos y apropiados dentro de las circunstancias del caso. El hecho de que tales remedios no podrían concederse por un tribunal no es motivo para negar la confirmación del laudo en virtud del artículo I-6 o para anular el laudo en virtud del artículo I-7.

(c) Los gastos y honorarios de los árbitros, junto a otros gastos propios del proceso arbitral, habrán de pagarse tal como se disponga en el laudo.

(d) Los árbitros no podrán conceder daños punitivos, salvo que dicha concesión esté expresamente reconocida en ley. En casos en que su concesión se permita por ley, el laudo habrá de especificar separadamente la partida que se concede por ese concepto, así como sus bases en ley.

COMENTARIOS

1. El contenido del artículo es claro. Valga recordar, sin embargo, que en el derecho puertorriqueño, la imposición de daños punitivos generalmente no está permitida, ya que ha sido declarada una violación de la política pública de

nuestro ordenamiento jurídico. Véase, Sociedad de Gananciales v. Woolworth, 143 DPR 76, 81 (1997); Soto Cabral v. E.L.A., 138 DPR 298 (1995); Carrasquillo v. Lippitt & Sionpietri, Inc., 95 DPR 659, 670 (1970); Pereira v. I.B.E.C., 95 DPR 28, 73 (1967). Véase también Alberto Bernabé Riefkohl, *Castigo por conducta antisocial en Puerto Rico: Es hora de adoptar el concepto de daños punitivos*, XL Rev. Jur. UIPR 225, 226, 228-229 (2006). Naturalmente, cuando existan excepciones en nuestro derecho, o rige el derecho federal u otro ordenamiento que permita la concesión de daños punitivos, se ha permitido su imposición. Véase, Wirshing v. Banco Santander, Puerto Rico, et. Al. Civil No. 11-2073 (GAG) (U.S. District Court, District of Puerto Rico 2015). Por lo tanto, el artículo II-21(a) no provee a los árbitros la autoridad de incluir daños punitivos u otro remedio "ejemplarizante" en el laudo, excepto en situaciones que exista la autoridad expresa de ley. Además, por tratarse de una cuestión de orden público, las partes no pueden conferir tal autoridad a los árbitros si la ley lo impide. Así se recoge en el inciso (d).

2. El inciso (a) autoriza a los árbitros a otorgar honorarios de abogado y otros remedios cuando su concesión estaría autorizada bajo las reglas de que gobiernan las acciones civiles en Puerto Rico. En Puerto Rico, el derecho a la imposición de honorarios de abogado a la parte perdidosa de un litigio solo procede cuando dicha parte ha actuado con temeridad o frivolidad. Véase, Efraín Santiago Colón v. Supermercados Grande, 155 DPR 796, 820 (2006); Corpak, Inc. V. Ramallo Brothers Printing, 125 DPR 724, 740 (1990); Férnandez Mariño v. San Juan Cement Co., Inc. 118 DPR 713, 716 (1987). El grado o intensidad de la conducta temeraria es el criterio o factor determinante y crítico que un tribunal tiene que tomar en consideración. Corpak Inc., v. Ramallo Brothers Printing, supra. Además, las partes pueden estipular en el convenio arbitral la aplicabilidad, cantidad y método del cálculo del remedio de honorarios de abogados y otros remedios, aunque los mismos no fuesen autorizados por ley.

3. El inciso (b) mantiene el amplio derecho tradicional de los árbitros a confeccionar remedios. Véase, III Macneil Treatise Ch. 36; Michael Hoellering, Remedies in Arbitration, Arbitration and the Law (1984) (annotating federal and state decisions). Generalmente, la autoridad arbitral en cuanto a los remedios no está definida ni circunscrita por los precedentes o

normativas legales, sino más bien por los amplios conceptos de equidad y justicia. Véase de ejemplo, David Co. v. Jim Miller Constr., Inc., 444 N.W.2d 836, 842 (Minn. 1989); SCM Corp. v. Fisher Park Lane Co., 40 N.Y.2d 788, 793, 358 N.E.2d 1024, 1028, 390 N.Y.S.2d 398, 402 (1976). Esta es la razón por la cual el inciso (c) permite a los árbitros ordenar remedios amplios, aunque estos puedan sobrepasar los límites que aplican en los tribunales, siempre que no estén vedados por la ley. Las partes, desde luego, pueden pactar en contrario de conceder esa autoridad amplia a los árbitros. El requerimiento de que el laudo se sujete a derecho es una limitación clásica.

4. El inciso (c) permite a los árbitros —a menos que el acuerdo arbitral provea en contrario— ordenar el pago de gastos, incluyendo los gastos y honorarios del árbitro.

5. El inciso (d) cubre preocupaciones con respecto a la concesión de daños punitivos en los laudos bajo el presente estado de derecho. Datos recientes obtenidos de la industria de valores indican que los árbitros no abusan del poder de castigar a través del uso de laudos excesivos. Véase, Thomas J. Stipanowich, *Punitive Damages and the Consumerization of Arbitration*, 92 Nw. L. Rev. 1 (1997); Richard Ryder, *Punitive Award Survey*, 8 Sec. Arb. Commentator, Nov. 1996, at 4. En respuesta a estas, se ha incluido lenguaje específico en el inciso (d) que requiere a los árbitros que concedan daños punitivos, especificar en el laudo la base de hecho que los justifica así como la base en derecho que autoriza dichos daños y la cantidad del laudo que corresponde a esa partida. Las partes podrán renunciar, mediante acuerdo, a los requisitos de especificidad establecidos en el inciso (d).

CAPÍTULO III
EL PROCESO ARBITRAL ABREVIADO

ARTÍCULO 1
Convenio de las Partes

Antes surgir una disputa o luego de ésta suscitarse, las partes en cualquier relación contractual pueden convenir que las disputas que surjan de dicha relación se ventilen en arbitraje abreviado de acuerdo con los términos de este Capítulo.

COMENTARIOS

1. Este Capítulo ofrece a las partes una forma arbitral abreviada para la dilucidación de sus conflictos contractuales. El sistema abreviado opera solo en función del acuerdo expreso y escrito de las partes. En caso de dudas en cuanto a la forma en que ha de conducirse un arbitraje, gobierna lo dispuesto en el Capítulo I de esta ley.

2. El creciente costo de los procesos arbitrales ha sido motivo de preocupación para la comunidad jurídica y empresarial. Con el paso del tiempo esas preocupaciones no han quedado desatendidas:

"Significant work has been done by the arbitration community in recent years to address growing concerns over increasing cost and length of arbitral proceedings, resulting in the proposition of a number of techniques and guidelines for promoting time and cost-efficiency, including the use of expedited procedures for small claims, ..." Ver Micha Buhler, Costs, Walder Wyss, Ltd. (29 de noviembre de 2018)

En este capítulo la ley incorpora estas tendencias.

ARTÍCULO 2
Inicio del Proceso Arbitral Abreviado

(a) Cualquiera de las partes dará comienzo al proceso arbitral mediante notificación a las contrapartes.

(b) La notificación a las contrapartes se hará efectiva de la misma forma que las Reglas de Procedimiento Civil proveen para la efectividad de los emplazamientos.

COMENTARIO

1. El inicio del proceso es sencillo, aunque se requiere cumplir con los requisitos que las Reglas de Procedimiento Civil disponen para los emplazamientos, en aras de proteger intereses de debido procedimiento de ley que, de no atenderse, pueden dar al traste con la efectividad del proceso.

ARTÍCULO 3
La Demanda de Arbitraje

(a) La demanda de arbitraje se hará siempre por escrito y debe contener o anexar, al menos, lo siguiente:

    (1) El nombre, dirección, teléfono, correo electrónico de las partes;

    (2) Una breve descripción de la disputa, que no excederá de dos carillas tamaño 8.5"x 11", a espacio y medio, en fuente de 12 puntos;

    (3) El remedio solicitado;

    (4) Una copia del acuerdo u otro documento en que se basaría la jurisdicción del tribunal arbitral bajo este Capítulo;

    (5) Si se interesa que el proceso arbitral se base solo en documentos o si se interesa además la celebración de vista;

(6) Si se interesa un laudo motivado o si ha de rendirse un laudo solamente dispositivo.

ARTÍCULO 4
La Contestación

(a) En un plazo no mayor de diez días a partir de su recibo, la parte promovida debe remitir su contestación a la demanda de arbitraje.

(b) La contestación debe hacerse por escrito y debe referirse a la corrección o no de las aseveraciones contenidas en la demanda.

(c) La contestación debe incluir una descripción de la controversia de haber diferencias con relación a la descripción presentada junto a la demanda.

(d) Asimismo debe la contestación hacer constar la posición de la parte promovida en cuanto a los incisos (a)(5) y (a)(6) del artículo III-3.

ARTÍCULO 5
Designación de los Árbitros

(a) Dentro de los diez días siguientes a la presentación de la contestación, las partes designarán el árbitro.

(b) Si dicha designación no se hace dentro de dicho plazo, cualquiera de las partes podrá solicitar del tribunal, mediante moción, que proceda con la designación. La moción estará acompañada de la documentación correspondiente y, en todo caso, de una relación de las personas sometidas por dicha parte para servir como árbitro dentro del plazo dispuesto en el inciso (a) de este artículo, juntamente con las credenciales de dichos candidatos. En ningún caso podrá someter al tribunal candidatos adicionales.

(c) Presentada dicha moción ante el tribunal, la parte promovida tendrá diez días improrrogables para comparecer y someter los suyos, con igual inclusión de credenciales.

(d) En plazo de 15 días el tribunal hará la designación del árbitro, solo entre los candidatos que previamente las partes hayan sometido a la consideración en atención del proceso requerido en el inciso (a) de este artículo.

ARTÍCULO 6
Honorarios De Los Árbitros

(a) Salvo que otra cosa acuerden las partes,

(1) En casos en que habrá de rendirse un laudo motivado, el árbitro devengará honorarios de _____ por cada parte, de tratarse de un proceso arbitral que requerirá una vista, o de _____ por cada parte si el proceso arbitral discurrirá solo por escrito.

(2) En casos en que se rendirá un laudo solamente dispositivo, el árbitro devengará honorarios de _____ por cada parte si se trata de un proceso arbitral que requerirá una vista o de _____ por cada parte si el proceso arbitral discurrirá solo por escrito.

(b) Los honorarios se depositarán juntamente con la designación del árbitro con depositario seleccionado por las partes de común acuerdo o, en defecto de acuerdo, en el tribunal, mediante la correspondiente moción. El tribunal podrá compeler al depósito de los honorarios si las circunstancias así lo ameritan.

(c) Las partidas de honorarios aquí dispuestas se ajustarán anualmente, sin ulterior acción legislativa o reglamentaria, de acuerdo con las tasas de inflación o deflación que reconozca el _____.

ARTÍCULO 7
La Reunión Inicial

(a) En acuerdo con las partes, el árbitro fijará la fecha y hora de una reunión inicial con dichas partes dentro de cinco días a partir de su designación. De no poder llegarse a un acuerdo al respecto, el árbitro fijará el momento en que tendrá lugar la reunión inicial.

(b) La reunión inicial se llevará a cabo por videoconferencia, en plataforma virtual, excepto en circunstancias extraordinarias, a discreción del árbitro.

(c) En la reunión inicial se atenderán los siguientes asuntos:

    (1) El procedimiento a seguirse en el arbitraje, incluyendo si habrá de celebrarse una vista o si el proceso se basará solo en escritos;

    (2) La forma del laudo; si habrá de motivarse o si será solamente dispositivo;

    (3) Si habrá de llevarse a cabo un proceso de mediación antes de proceder con el arbitraje;

    (4) En el caso de que se decida por una vista, si habrá de mantenerse un récord, a costo de las partes;

    (5) Aclaraciones sobre los asuntos que se han de someter a la decisión del árbitro;

    (6) Fijación de un calendario de trabajos, basado en las disposiciones de este Capítulo.

(d) Dentro de los cinco días siguientes a la vista inicial, el árbitro remitirá a las partes el calendario de trabajos para su revisión y aprobación. El calendario incluirá una relación de los asuntos que estarán sometidos a la decisión del árbitro. Dentro de los diez días siguientes al envío del calendario de trabajos, las partes le confirmarán al árbitro sobre su conformidad con el referido calendario o las objeciones a sus términos, en la medida en que no se ajusten a los acuerdos tomados en la vista inicial.

(e) Transcurridos 10 días desde el envío a las partes del calendario de trabajos, de recibir el árbitro objeciones a su contenido, el árbitro fijará el calendario final dentro de los siguientes diez días.

ARTÍCULO 8
Los Procesos Arbitrales Basados Solo En Escritos

(a) Dentro de los veinte días siguientes a la fijación por el árbitro del calendario de trabajos, la parte promovente someterá al árbitro y a las partes:

(1) Un memorando que explique la postura del promovente con relación a los asuntos a decidirse por el árbitro, según consignados en el calendario de trabajos. El memorando tendrá extensión máxima de 20 páginas, en el mismo formato requerido para la demanda de arbitraje en el artículo 3 (a)(2) del Capítulo II de esta ley;

(2) La prueba documental en la que la parte promovente interesa hacer descansar su caso. La prueba documental presentada no excederá de 20 documentos y estos, agregados, no excederán las 200 páginas. Podrán someterse extractos de documentos. Una serie de documentos relacionados, como una serie de correos electrónicos, podrán reflejarse como un solo documento; y

(3) Una relación de las cinco autoridades legales principales en las que el promovente hace descansar su reclamación.

(b) Dentro de los 15 días siguientes a la sumisión del memorando de la parte promovente, la parte demandada someterá el suyo, de la misma extensión y contenidos.

(c) Sometido el memorando de la parte demandada, las partes podrán someter memorando de réplica, en plazos sucesivos de cinco días. No se podrán someter ulteriores escritos.

ARTÍCULO 9
Los Procesos Arbitrales Mediante Vista Oral

(a) La vista oral tendrá lugar dentro de los 90 días siguientes a la reunión inicial.

(b) Con 40 días de anterioridad a la vista, la parte promovente someterá a las partes y al árbitro:

    (1) Los materiales requeridos en el artículo III-8 (a) de esta ley;

    (2) Afidávits de prueba con un máximo de tres declarantes, de una extensión agregada que no exceda las 60 páginas en el formato antes descrito.

(c) Con 20 días de anterioridad a la vista, la parte demandada someterá a las partes y al árbitro los materiales requeridos en el artículo III-9 (b) de esta ley.

(d) Sometidos los materiales de la parte demandada, las partes podrán someter escritos de réplica, en plazos sucesivos de 5 días. Los escritos de réplica tendrán extensión máxima de cinco páginas en el formato antes descrito. Todos los escritos deberán haberse sometido 10 días antes de la celebración de la vista.

(e) La vista del caso durará un solo día. Comenzará a las 9:00 de la mañana; recesará a la 1:00 de la tarde; reanudará a las 2:30 de la tarde y concluirá a las 5:30 de la tarde. El árbitro podrá conceder un receso breve en cada una de las sesiones. Al comienzo de la sesión inicial, cada parte tendrá un tiempo máximo de media hora para presentar su caso y resumir los testimonios vertidos mediante declaraciones juradas.

(f) El árbitro distribuirá el tiempo con que cada parte contará para contrainterrogar los testigos de la parte contraria en cuanto a los testimonios vertidos mediante declaraciones juradas.

(g) Cada parte tendrá un máximo de media hora para argumentos de cierre. El árbitro podrá permitir la distribución de dicha media hora en dos períodos que permitan la réplica.

ARTÍCULO 10
Otras Reglas Procesales

(a) No se permitirá descubrimiento oral o documental.

(b) No se permitirá la sumisión de informes periciales ni otra prueba de peritos.

(c) No se permitirán mociones preliminares, excepto las que promuevan la extensión de los plazos provistos en este Capítulo por circunstancias extraordinarias e imprevistas. Compromisos profesionales conflictivos de los abogados de las partes no se considerarán como tales circunstancias.

(d) El árbitro hará efectivos los plazos dispuestos en este Capítulo para el curso de los procedimientos.

ARTÍCULO 11
Vistas en Plataforma Digital

En consulta con las partes, el árbitro podrá optar porque la vista se lleve a cabo sobre plataforma digital, siempre que sea razonable dentro de las posibilidades de las partes y que se proteja la privacidad del procedimiento.

ARTÍCULO 12
Admisibilidad de Prueba

Toda información pertinente es admisible en la vista y no tiene que presentarse de acuerdo con las Reglas de Evidencia para el Tribunal General de Justicia.

ARTÍCULO 13
Incumplimiento con las Disposiciones de este Capítulo

(a) El árbitro tendrá la autoridad para imponer las sanciones que estime adecuadas por el incumplimiento significativo de cualquiera de las partes con lo dispuesto en este Capítulo o con las órdenes del árbitro. Las sanciones pueden incluir la emisión de un laudo en rebeldía.

(b) Ante el incumplimiento significativo de una parte, el árbitro conminará al cumplimiento y concederá plazo para ello, antes de considerar proceder en rebeldía.

(c) Un laudo en rebeldía debe, en cualquier caso, estar basado en la prueba.

ARTÍCULO 14
Arbitraje a Base de Ofertas Finales

(a) De común acuerdo, las partes pueden optar porque el arbitraje se lleve a cabo a base de sus ofertas finales.

(b) En tal caso, cada parte someterá al árbitro su oferta final, juntamente con un memorando de apoyo de 10 páginas de extensión en el formato antes prescrito.

(c) Las ofertas y memoranda se someterán simultáneamente.

(d) El árbitro seleccionará solo entre las ofertas sometidas, que verterá en un laudo, sin modificaciones.

(e) Las partes pueden optar por que el laudo basado en ofertas finales sea motivado o solo dispositivo. Si nada dispusieran, será motivado.

ARTÍCULO 15
Intereses y Costas

(a) El laudo podrá conceder intereses y podrá determinar la fecha desde la cual dichos intereses deben computarse.

(b) El laudo podrá fijar la responsabilidad por las costas del proceso arbitral y podrá distribuir dichas costas entre las partes como estime corresponda en función del comportamiento de las partes en el proceso.

(c) Los gastos legales serán en todo caso de la responsabilidad de cada parte.

ARTÍCULO 16
Emisión Del Laudo

(a) El laudo será vinculante para las partes, que deben sujetarse de buena fe a sus disposiciones.

(b) El laudo será final e inapelable, excepto por las causas dispuestas en ley.

(c) El incumplimiento con los plazos fijados en este Capítulo no será base para controvertir la efectividad del laudo.

(d) El laudo no se cursará a las partes hasta tanto los honorarios de los árbitros se hayan satisfecho debidamente.

(e) El laudo se emitirá, en cualquier caso, dentro de los 15 días siguientes a que la controversia quede sometida para decisión, aunque el árbitro no pierde jurisdicción por el transcurso de este plazo.

ARTÍCULO 17
Enmiendas

(a) A petición de parte o a su propia iniciativa, el árbitro podrá corregir errores tipográficos del laudo, otros errores u omisiones de similar naturaleza, o errores aritméticos en los cómputos.

(b) Las partes deberán presentar al árbitro cualquier solicitud de enmienda al laudo al amparo de este artículo dentro de los cinco días de emitido el laudo. Pasados cinco días de presentada dicha solicitud, se tendrá por rechazada.

ARTÍCULO 18
Confidencialidad

(a) El proceso arbitral bajo este Capítulo será privado y confidencial.

(b) Ninguna persona podrá estar presente en una vista, a no ser con el consentimiento de las partes.

ARTÍCULO 19
Derecho Supletorio

(a) Las disposiciones del Capítulo I de esta ley serán supletorias a los procesos arbitrales que se lleven a cabo según lo dispuesto en este Capítulo III, en todo cuanto no sean incompatibles con los preceptos de este.

www.ingramcontent.com/pod-product-compliance
Lightning Source LLC
Chambersburg PA
CBHW081304170526
45165CB00011B/3399